まちごとチャイナ

Hong Kong 001 Hong Kong
はじめての香港

南海にのぞむ「輝く都市」

Asia City Guide Production

【白地図】香港

CHINA
香港

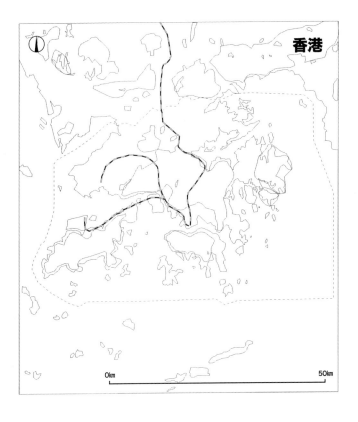

【白地図】香港中心部

CHINA
香港

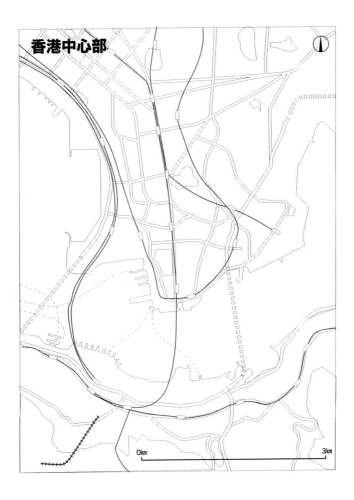

【白地図】セントラル中環

CHINA
香港

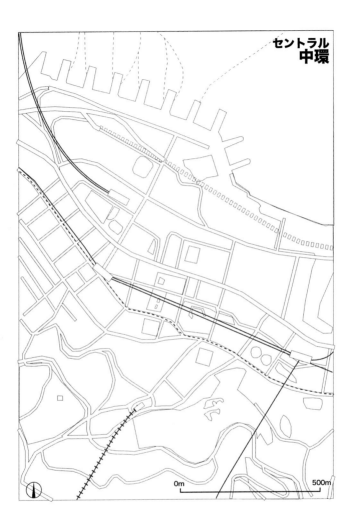

【白地図】ションワン上環

CHINA
香港

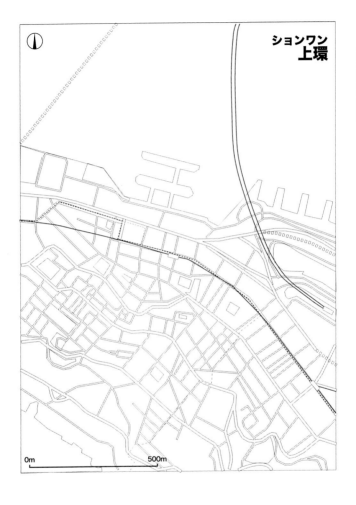

ションワン
上環

Hong Kong 白地図

【白地図】ワンチャイ灣仔

CHINA
香港

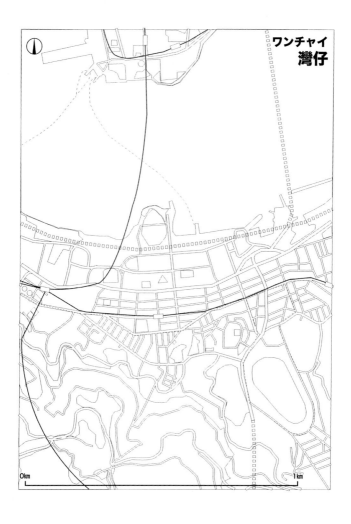

【白地図】コーズウェイベイ銅鑼灣

CHINA
香港

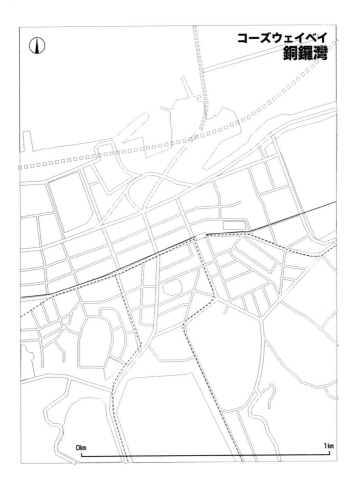

【白地図】チムサアチョイ尖沙咀

CHINA
香港

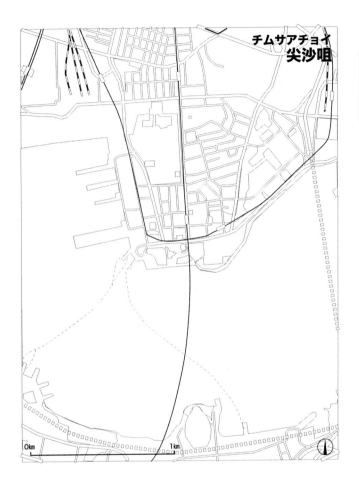

【白地図】ヤウマティ油麻地

CHINA
香港

ヤウマティ
油麻地

Hong Kong 白地図

【白地図】モンコック旺角

CHINA
香港

モンコック
旺角

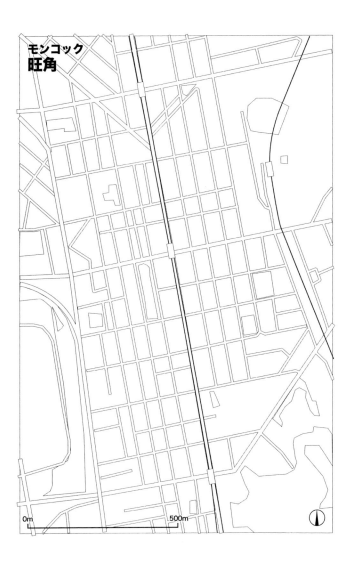

Hong Kong

白地図

【まちごとチャイナ】

香港001 はじめての香港

香港002 中環と香港島北岸

香港003 上環と香港島南岸

香港004 尖沙咀と九龍市街

香港005 九龍城と九龍郊外

香港006 新界

香港007 ランタオ島と島嶼部

CHINA
香港

　中国大陸の東南端から南海へ向かって伸びる九龍半島、そしてその先に浮かぶ香港島。九龍と香港島のはざまのヴィクトリア・ハーバー沿いには競うように超高層ビル群が屹立し、その下をスターフェリーが行き交う。これらの摩天楼は、夜になればまばゆいばかりの光を放ち、「100万ドルの夜景」と言われる光景が広がっている。

　中国の長い歴史のなかで、この地は漁村がたたずむ南方の僻地だったが、1842年、アヘン戦争後の南京条約でイギリスに割譲されたことで、香港の発展がはじまった。イギリスの

南海にのぞむ「輝く都市」
香港
ホンコン
Hong Kong

植民都市としてヴィクトリア様式の建物が立つようになり、わずか150年で世界を代表する都市に成長した。

　この香港は1997年にイギリスから中国に返還され、以来、中国本土とは異なる体制（一国二制度）がとられている。広大な中国からすると香港の面積は点ほどに過ぎないが、この都市はひとつの先進国に匹敵する経済力をもち、高度で洗練された都市社会を実現させている。

【まちごとチャイナ】

香港001 はじめての香港

目次

CHINA
香港

はじめての香港 ……………………………………………………xx

煌く摩天楼の世界へ ……………………………………………xxvi

中環 - 上環城市案内 ……………………………………………xxxiii

灣仔 - 銅鑼灣城市案内 …………………………………………xlix

尖沙咀城市案内 …………………………………………………lxi

油麻地 - 旺角城市案内…………………………………………lxxii

城市のうつりかわり……………………………………………lxxxiii

【MEMO】

【地図】香港

CHINA
香港

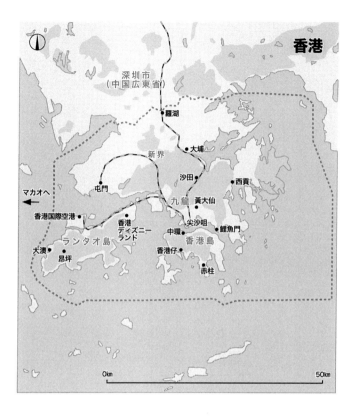

煌く摩天楼の世界へ

CHINA
香港

超高層ビル群がそびえる都市、香港
イギリスと中国の文化が交差し
躍動する人々の姿が見られる

香港の地理

香港は、「香港島」とその対岸の「九龍」、九龍の後背地である「新界」、そして南海に浮かぶ「島嶼部」からなる。1842年、1860年、1898年と段階をへてイギリス領が拡大されたためで、新界と島嶼部から構成される地域が香港の面積の90％以上をしめる。また超高層ビルが立ちならぶ、香港島と九龍の人口密度はきわめて高い。香港という地名は、このあたりでとれる「香料の積み出し」が行なわれていた香港仔に由来し、九龍という名前は17世紀なかごろまで九龍湾西岸にあった塩浜の俗称で、このあたりに暮らしていた漁民の九兄弟が

▲左 ヴィクトリア・ハーバーの北岸と南岸に開けた香港の街。 ▲右 カチ、カチ、カチとイギリス式の信号がときを刻む

龍になったという説をはじめ諸説が伝えられている（宋代から塩場がおかれていた）。

金融センターと一国二制度

香港島中環に立つ超高層ビル群には、世界中から一流企業が集まり、東アジアの金融センター、貿易センターという顔をもつ。これはイギリス植民地時代に政治によるコントロールがほとんどなく、法人税、所得税、関税などがきわめて低い水準におさえられ、自由な経済活動のもと発展してきたことによる（自由に経済活動が行なわれる香港は、アダム・スミ

CHINA
香港

スが『国富論』で描いたモデルだとも言われてきた)。1997年の中国への返還にあたって、鄧小平によって一国二制度(ひとつの国家にふたつの異なる体制)が提唱され、返還後50年は「そのままの香港の体制を維持する」と明言されている。

Hong Kong　煌く摩天楼の世界へ

▲左　香港は東アジアの金融センター。　▲右　通りの端から突き出した看板、そして2階建てバス

香港基本データ

名称　中華人民共和国香港特別行政区

Hong Kong Special Administrative Region（SAR）

政治　一国二制度（中国本土とは異なる体制）

面積　1103 k㎡（東京都の約半分）

民族　95％が漢民族

言語　広東語、英語、北京語（普通語）

宗教　道教、仏教、儒教、キリスト教、イスラム教、ヒンドゥー教など

産業　金融、観光、不動産など

通貨　香港ドル（米ドルに準ずる）

【地図】香港中心部

【地図】香港中心部の [★★★]
- [ ] 中環 Central セントラル
- [ ] 太平山 Victoria Peak ヴィクトリア・ピーク
- [ ] 灣仔 Wanchai ワンチャイ
- [ ] 尖沙咀 Tsim Sha Tsui チムサアチョイ
- [ ] 維多利亞港 Victoria Harbour ヴィクトリア・ハーバー
- [ ] 彌敦道 Nathan Road ネイザン・ロード

【地図】香港中心部の [★★☆]
- [ ] 上環 Sheung Wan ションワン
- [ ] 銅鑼灣 Causeway Bay コーズウェイベイ
- [ ] 油麻地 Yau Ma Tei ヤウマティ
- [ ] 旺角 Mong Kok モンコック
- [ ] 環球貿易廣場 International Commerce Centre インターナショナル・コマース・センター（スカイ100）

【地図】香港中心部の [★☆☆]
- [ ] 金鐘 Admiralty アドミラルティ
- [ ] 跑馬地 Happy Valley ハッピー・バレー
- [ ] 天后廟 Tin Hau Miu ティンハンミュウ

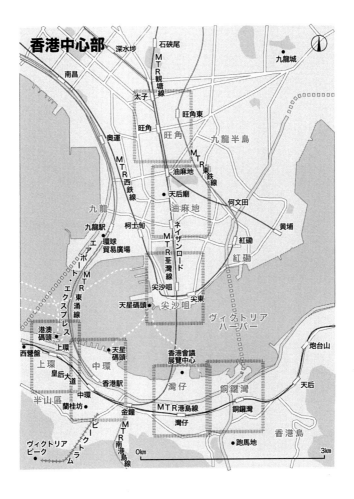

【MEMO】

CHINA
香港

Guide, Central-Sheung Wan
中環 - 上環 城市案内

香港の政治、経済の中心である中環
古い街の面影を残す上環
街なかから香港の発展をたどる

中環 Central セントラル ［★★★］

中環は香港の金融、貿易、商業の中心地で、高さ420mの國際金融中心二期などの超高層ビル群が立つ。ここは1842年に香港を領有したイギリスが植民地支配の拠点としたところで、当時の海岸線に沿って敷かれた皇后大道（現在では埋め立てが進んでいる）、立法會大樓などのヴィクトリア建築も残る。またヴィクトリア・ピーク中腹に続く半山區（ミッド・レベルズ）では、蘭桂坊やSOHOなどの洗練された街並みも見られる。

▲左　中環の高層ビル群と対岸の高さ490mの環球貿易廣場、ヴィクトリア・ピークから。　▲右　皇后大道、かつてここから先が海岸だった

皇后像廣場 Statue Square スタチュー・スクエア ［★★☆］

ヴィクトリア女王の即位60年にあたる1896年に建設され、その後、1965年のマーガレット王女の香港訪問を記念して整備された皇后像廣場。周囲にはイギリス統治の象徴でもあったヴィクトリア様式の立法會大樓、20世紀を代表する建築にあげられる香港上海銀行大廈、またイギリス系香港上海銀行のライバルで中国系の中銀大廈などが位置する（高さ300mの中銀大廈の外観が刃物のような三角形の鋭角をもち、それが香港上海銀行に向かっていると噂され、対する香港上海銀行側では邪悪を跳ね返す八角形の鏡を掲げるなど、両者

【MEMO】

【地図】セントラル中環の [★★★]
- [ ] 中環 Central セントラル
- [ ] 維多利亞港 Victoria Harbour ヴィクトリア・ハーバー

【地図】セントラル中環の [★★☆]
- [ ] 皇后像廣場 Statue Square スタチュー・スクエア
- [ ] 半山區 Mid Levels ミッド・レベルズ

【地図】セントラル中環の [★☆☆]
- [ ] 金鐘 Admiralty アドミラルティ

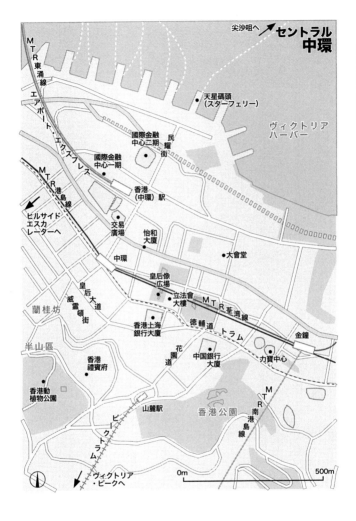

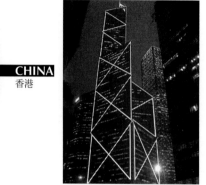

▲左 タケノコがイメージされている中銀大廈。 ▲右 イギリス統治の象徴、立法會大樓

のあいだでは風水合戦が繰り広げられた）。

半山區 Mid Levels ミッド・レベルズ ［★★☆］

半山區はヴィクトリア・ピーク中腹に位置する高級住宅地で、長さ800mのヒルサイド・エスカレーターが山腹に向かって伸びる（高低差は135m）。これら半山區へは砵典乍街（ポッティンジャー・ストリート）など石だたみの階段状の通りが続き、夜ににぎわいを見せる繁華街の蘭桂坊（ランカイフォン）、カフェや雑貨店がならぶSOHOやNOHOといった街並みも見られる。

【MEMO】

CHINA
香港

荷李活道 Hollywood Road ハリウッド・ロード [★★☆]

中環から上環へと続く荷李活道。骨董品や雑貨などを扱う店が軒を連ねるほか、地元中国人の信仰を集めてきた道教寺院の文武廟が残る（香港でもっとも伝統がある道教寺院）。

上環 Sheung Wan ションワン [★★☆]

上環は、19世紀にはじまった香港の開発にあたって、古くから中国人街ができたところで、今でも当時の面影を伝える雰囲気が残っている。印章や印鑑を扱う細い路地の文華里(マンワーレイ)、古くから上環の繁華街だった禧利街（ヘイレ

▲左 古い街並みが残る上環。 ▲右 ヴィクトリア・ピークへと続くピーク・トラム乗り場

イ・ストリート)、漢方を扱う店がならぶ文鹹街(マンハム・ストリート)などが走るほか、1906年に建てられた赤レンガの建物を改修してそのまま使用されている西港城(ウエスタン・マーケット)も見られる。

摩羅上街 Cat Street キャット・ストリート [★★☆]

荷李活道近くを走る路地、摩羅上街。雑貨や骨董品を扱う店が150mに渡って続いている。

【地図】ションワン上環

【地図】ションワン上環の [★★★]
- ☐ 中環 Central セントラル
- ☐ 維多利亞港 Victoria Harbour ヴィクトリア・ハーバー

【地図】ションワン上環の [★★☆]
- ☐ 荷李活道 Hollywood Road ハリウッド・ロード
- ☐ 上環 Sheung Wan ションワン
- ☐ 摩羅上街 Cat Street キャット・ストリート

【地図】ションワン上環の [★☆☆]
- ☐ 孫中山紀念館 Dr.Sun Yat-sen Museum 孫中山記念館

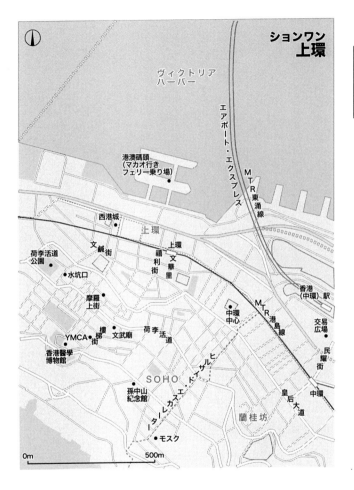

CHINA
香港

孫中山紀念館
Dr.Sun Yat-sen Museum 孫中山記念館 [★☆☆]

1866年、広東省香山県に生まれた孫文は、香港で青年時代を過ごし、中国革命への思想的影響を受けたという(イギリス領香港では先進的な思想や文化が入ってきていた)。孫中山紀念館は、イギリス人の邸宅として1914年に建てられた建物が利用され、孫文ゆかりの品々が展示されている。

▲左　摩羅上街（キャット・ストリート）で見た雑貨。　▲右　中環から半山區へ伸びる石だたみの階段

金鐘 Admiralty アドミラルティ［★☆☆］

中環の東に位置する金鐘は、ツイン・タワーの力寶中心（リッポー・センター）や中銀大廈が立つなど、金融街、オフィス街となっている。また高層ビルが林立する都会にあって香港公園（かつてイギリスの軍営地がおかれていた）は人々の憩いの空間となっていて、敷地内では人工の滝が落ちるロックガーデンや茶具文物館が位置する。

香港

太平山 Victoria Peak ヴィクトリア・ピーク ［★★★］

ヴィクトリア・ピーク（標高 522m）からは、そびえる超高層ビル群、入り組んだヴィクトリア・ハーバー、対岸の九龍半島などが一望できる。ここからの眺めは「100 万ドルの夜景」と言われ、中環からピーク・トラムが頂上に向かって伸びている（このケーブルカーは 1888 年に開通した歴史をもつ）。ピーク・トラムの山頂駅に立つ凌霄閣（ピーク・タワー）には展望台があるほか、香港杜莎夫人蠟像館(マダムタッソー蝋人形館) なども入っている。

【MEMO】

Guide,
Wanchai-Causeway Bay
灣仔 - 銅鑼灣
城市案内

香港會議展覽中心などの大型施設が立つ灣仔
また香港有数のショッピングエリアの銅鑼灣
一歩路地に入れば香港人の生活が息づく

灣仔 Wanchai ワンチャイ ［★★★］

九龍半島尖沙咀のちょうど対岸にあたる灣仔。中環に隣接するこの地は19世紀の香港黎明期から街が形成されてきたところで、イギリス人のほか中国人やインド人、ユダヤ人などが住み着いていた。今では1997年7月1日に香港返還セレモニーが開催された香港會議展覽中心などの大型施設が立つほか、昔ながらの商店街も残っている。2階建てのバスやトロリーがこの街を東西に走っていく。

【地図】ワンチャイ灣仔

【地図】ワンチャイ灣仔の [★★★]
- ☐ 灣仔 Wanchai ワンチャイ
- ☐ 維多利亞港 Victoria Harbour ヴィクトリア・ハーバー
- ☐ 尖沙咀 Tsim Sha Tsui チムサアチョイ

【地図】ワンチャイ灣仔の [★★☆]
- ☐ 銅鑼灣 Causeway Bay コーズウェイベイ

【地図】ワンチャイ灣仔の [★☆☆]
- ☐ 灣仔道 Wanchai Street ワンチャイ・ストリート
- ☐ 金鐘 Admiralty アドミラルティ

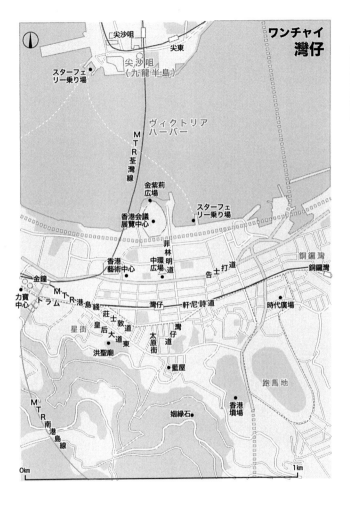

▲左　ブルーハウスこと藍屋、あたりはヘリテイジ・トレイルとして整備されている。　▲右　灣仔を走る2階建てバス

灣仔道 Wanchai Street ワンチャイ・ストリート [★☆☆]

灣仔駅の南側を走る灣仔道には雑貨店、食料品店がならび、香港人の生活ぶりを感じることができる。この界隈には太原街や春園街といった商店街がいくつも走り、また灣仔道の南に位置する藍屋（ブルーハウス）は20世紀初頭に建てられた貴重な中国式建築となっている。

【MEMO】

【地図】コーズウェイベイ銅鑼灣

【地図】コーズウェイベイ銅鑼灣の [★★★]
- [ ] 維多利亞港 Victoria Harbour ヴィクトリア・ハーバー

【地図】コーズウェイベイ銅鑼灣の [★★☆]
- [ ] 銅鑼灣 Causeway Bay コーズウェイベイ
- [ ] 午炮 Noon Day Gun ヌーン・ディ・ガン

【地図】コーズウェイベイ銅鑼灣の [★☆☆]
- [ ] 維多利亞公園 Victoria Park ヴィクトリア公園
- [ ] 跑馬地 Happy Valley ハッピー・バレー

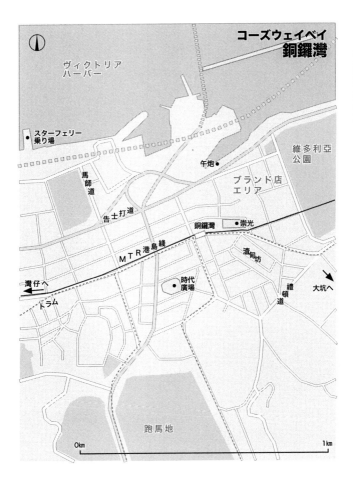

銅鑼灣 Causeway Bay コーズウェイベイ ［★★☆］

銅鑼灣は香港有数のショッピングエリアで、崇光（SOGO）や時代廣場（タイムズ・スクエア）といった大型商業施設が立つほか、渣甸坊（ジャーディンズ・クレッセント）のような露店街も見られる。また古くは、イギリスの軍営地とともに、アヘン商人から巨大財閥へと成長したジャーディン・マセソン商会の拠点がおかれていたところとしても知られる（アヘン商人であったジャーディン・マセソン商会は、清朝の厳しいアヘンとり締まりを受けて、自国に艦隊を派遣するよう要請し、1840年にアヘン戦争がはじまった）。

▲左 銅鑼灣の街並み、多くの人でにぎわう。　▲右　お洒落なカフェなども見られる

午炮 Noon Day Gun ヌーン・ディ・ガン ［★★☆］

19世紀の香港黎明期に、銅鑼灣に拠点をおいたジャーディン・マセソン商会（香港の発展とともに巨利を得た）。今でもその系列ホテルのザ・エクセルシオール香港前では、毎日、正午になるとヴィクトリア・ハーバーに向けて空砲が放たれる。ヌーン・ディ・ガンは自社の商船を迎えたことにはじまり、その後、香港総督に毎日欠かさず撃つことを命じられ、伝統は1850年から続いている。

香港

維多利亞公園 Victoria Park ヴィクトリア公園 [★☆☆]

1957年に銅鑼灣東部の海を埋め立ててつくられた維多利亞公園。公園内には皇后像廣場から移されたヴィクトリア女王の像が見られるほか、スポーツや談笑を楽しむ人の姿がある。

▲左　毎日正午、放たれる空砲。　▲右　市民の憩いの場となっているヴィクトリア公園

跑馬地 Happy Valley ハッピー・バレー ［★☆☆］

銅鑼灣からヴィクトリア・ピークに向かって少し登ったところに位置する高級住宅地、跑馬地。1842年、イギリス軍がこのあたりの平地に軍営地を敷いたことにはじまり、香港名物の競馬場がある。また香港でなくなった外国人を埋葬する香港墳場も見られる。

Guide,
Tsim Sha Tsui
尖沙咀
城市案内

香港島へ伸びる九龍半島
その先端部が「とがったクチバシ」を意味する尖沙咀
ヴィクトリア・ハーバーから心地よい潮風が吹く

尖沙咀 Tsim Sha Tsui チムサアチョイ ［★★★］

九龍半島先端に位置する尖沙咀。ここから北に向かってネイザン・ロードが走り、通りの両脇から看板が突き出すなか、2階建てのバスが走る。またヴィクトリア・ハーバーに面して香港文化中心、香港太空館、香港藝術館などの施設が立つほか、香港と広州を結ぶ九廣鐵路の駅舎跡である前九廣鐵路鐘樓も残る。ここから対岸にはそびえ立つ香港島の超高層ビル群が見える。

【地図】チムサアチョイ尖沙咀

【地図】チムサアチョイ尖沙咀の [★★★]
- [ ] 尖沙咀 Tsim Sha Tsui チムサアチョイ
- [ ] 維多利亞港 Victoria Harbour ヴィクトリア・ハーバー
- [ ] 彌敦道 Nathan Road ネイザン・ロード
- [ ] 灣仔 Wanchai ワンチャイ
- [ ] 中環 Central セントラル

【地図】チムサアチョイ尖沙咀の [★★☆]
- [ ] 星光大道 Aveneu of Stars アヴェニュー・オブ・スターズ
- [ ] 環球貿易廣場 International Commerce Centre インターナショナル・コマース・センター（スカイ 100）

【地図】チムサアチョイ尖沙咀の [★☆☆]
- [ ] 香港半島酒店 The Peninsula ザ・ペニンシュラ
- [ ] 廣東道 Canton Road 広東ロード
- [ ] 諾士佛臺 Knutsford Terrace ナッツフォード・テラス
- [ ] 九龍公園 Kowloon Park 九龍パーク

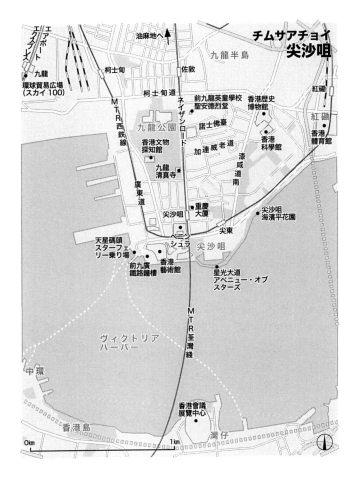

CHINA
香港

維多利亞港
Victoria Harbour ヴィクトリア・ハーバー ［★★★］

香港島と九龍半島のあいだに位置するヴィクトリア・ハーバー。香港を領有したイギリス（当時、陽の沈まない国と言われた）が、ヴィクトリア女王をたたえて名づけ、水深、潮流、遮風などの点から天然の良港として知られる。このヴィクトリア・ハーバーを行き交うスター・フェリー、貨物船の様子は香港の代表する光景となっている（スター・フェリーは19世紀末から運行され、その歴史は100年以上になる）。

▲左　夜、ネオンにそまる尖沙咀。　▲右　朝の尖沙咀の様子、まるで別の街のよう

星光大道
Aveneu of Stars アヴェニュー・オブ・スターズ ［★★☆］

ヴィクトリア・ハーバーに沿うように敷かれた星光大道。潮風が吹くなか、対岸にそびえる香港島の摩天楼を楽しめ、夜には光と音楽による幻彩詠香江（シンフォニー・オブ・ライツ）が繰り広げられる。またこの通りに香港映画の監督や俳優の手形が見られ、ブルース・リーの像も立つ。

▲左　尖沙咀先端からは香港島の摩天楼が見える。　▲右　ザ・ペニンシュラ、アフタヌーン・ティーを楽しめる

香港半島酒店 The Peninsula ザ・ペニンシュラ ［★☆☆］

1928年に開業した香港最高の格式をもつホテル、ザ・ペニンシュラ。かつてイギリス紳士と淑女がアフタヌーン・ティーをたしなむ姿が見られた場所で、現在でもゆっくりと紅茶を楽しめる優雅な空間が広がっている。

廣東道 Canton Road 広東ロード ［★☆☆］

尖沙咀の先端部から九龍半島西側を走る廣東道。1881年に建てられたコロニアル建築が利用された複合商業施設の1881Heritageはじめ、高級ブランド店がならぶ。

【MEMO】

香港

彌敦道 Nathan Road ネイザン・ロード ［★★★］

尖沙咀から界限街までの3.8kmを南北に走る九龍半島先端部の目抜き通り、ネイザン・ロード。通りの両脇から突き出した看板、香港ならではの繁体字などが印象的で、夜には原色のネオンが光る。尖沙咀から油麻地、旺角へと街は続き、徐々に地元の人々が暮らす生活感ある街へと変化していく。また尖沙咀駅近くの重慶大厦はインド人の両替商やカレー店、安宿などが入居する雑居ビルで、混沌とした雰囲気をしている。

尖沙咀城市案内 | Hong Kong

諾士佛臺
Knutsford Terrace ナッツフォード・テラス [★☆☆]

夜ににぎわいを見せる繁華街、諾士佛臺。イタリアンやフレンチといった高級料理店やバーが集まる。またこの通りの南を走る加連威老道（グランビル・ロード）には地元の香港人向けの店舗がならぶ。

CHINA
香港

九龍公園 Kowloon Park 九龍パーク ［★☆☆］

尖沙咀から佐敦にかけて続く九龍公園。香港の喧騒にあって緑豊かな空間が広がっている。敷地内には香港文物探知館が位置するほか、隣接して九龍清真寺（モスク）が立ち、またネイザン・ロードをはさんでイギリス人子女が通った前九龍英童學校（前九龍ブリティッシュ・スクール）、聖安德烈堂（聖アンドリューズ教会）など歴史ある建築も残る。

Guide,
Yau Ma Tei-Mong Kok
油麻地 - 旺角
城市案内

CHINA
香港

喧騒にあふれる油麻地や旺角
ど派手な看板とともに
香港的な世界が広がっている

油麻地 Yau Ma Tei ヤウマティ ［★★☆］

尖沙咀北に位置する油麻地には、中国東南沿岸部で信仰される海の守り神をまつる天后廟が残り、上海街や男人街、新填地街などの通りが走る。夜になると開かれる市場や屋台などのにぎわいも有名で、香港庶民の生活が垣間見られる。

男人街(廟街) Temple Street テンプル・ストリート ［★★☆］

露店がならぶナイト・マーケットで知られる男人街（廟街）。もともと天后廟の門前町として発展し、男性向け商品が多いことから男人街と呼ばれるようになった。

▲左 両側から道に突き出した看板、上海街にて。　▲右 香港人の集まる男人街(廟街)

上海街 Shanghai Street 上海ストリート ［★☆☆］

佐敦から油麻地、旺角へと走る上海街。九龍に街が形成されはじめたころから続く繁華街で、生活用品をあつかう店がならぶ。

新填地街 Reclamation Street
リクラメーション・ストリート ［★☆☆］

廟街、上海街と並行して走る新填地街。ここから西が海岸線であったという歴史があり、新填地街とは「埋め立て地」を意味する。

【地図】ヤウマティ油麻地

【地図】ヤウマティ油麻地の [★★☆]
- [ ] 油麻地 Yau Ma Tei ヤウマティ
- [ ] 男人街（廟街）Temple Street テンプル・ストリート
- [ ] 旺角 Mong Kok モンコック
- [ ] 女人街（通菜街）Lady's Market レディス・マーケット

【地図】ヤウマティ油麻地の [★☆☆]
- [ ] 上海街 Shanghai Street 上海ストリート
- [ ] 新填地街 Reclamation Street リクラメーション・ストリート
- [ ] 玉器市場 Jade Market ジェイド・マーケット
- [ ] 天后廟 Tin Hau Miu ティンハンミュウ

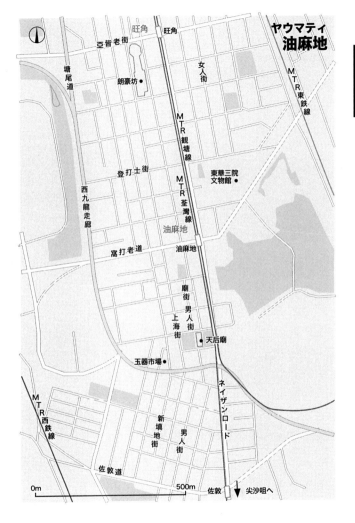

▲左　麺と紅茶という組み合わせこれもまた香港。　▲右　ヒスイが売られている玉器市場

玉器市場 Jade Market ジェイド・マーケット [★☆☆]

指輪、ネックレス、ブレスレッドといったヒスイ商品が売られている玉器市場。ヒスイは香港ではとても縁起がいいものとされ、さまざまな種類の品が見られる。

天后廟 Tin Hau Miu ティンハンミュウ [★☆☆]

1865年以来の伝統をもつ香港で最大規模の天后廟。「海の守り神」媽祖がまつられ、敷地内ではらせん形の線香が見られる。

【MEMO】

【地図】モンコック旺角 の [★★☆]
- [ ] 旺角 Mong Kok モンコック
- [ ] 女人街（通菜街）Lady's Market レディス・マーケット
- [ ] 油麻地 Yau Ma Tei ヤウマティ

【地図】モンコック旺角 の [★☆☆]
- [ ] 上海街 Shanghai Street 上海ストリート

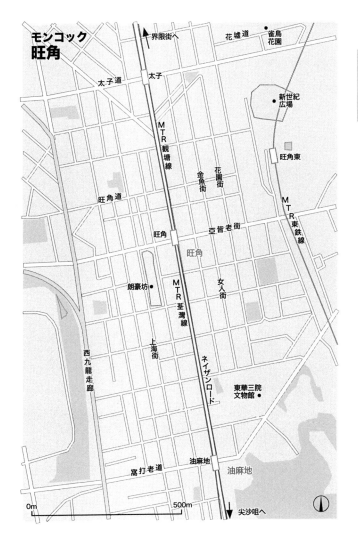

香港

旺角 Mong Kok モンコック［★★☆］

香港のなかでも人が密集し、雑然とした街並みが続く旺角。細い路地の両脇からところせましと露店が出て、あふれんばかりの人が通り過ぎるといった光景が見られる。また旺角には高層の商業施設である朗豪坊（ランガム・プレイス）が立つほか、金魚街や花墟道（フラワー・マーケット・ロード）など特徴ある通りが走っている。

▲左　アフタヌーン・ティーやパン、イギリスが残した文化。　▲右　多くの人が旺角に繰り出す、女人街（通菜街）にて

女人街（通菜街）Lady's Market レディス・マーケット［★★☆］

女性向けの衣服や下着、雑貨やアクセサリーを扱う露店がならぶ女人街。この通りの界隈は旺角でももっともにぎわっている。

環球貿易廣場 International Commerce Centre
インターナショナル・コマース・センター（スカイ100）［★★☆］

九龍西部の機場快綫九龍駅のうえに立つ環球貿易廣場。高さ490m、118階建ての複合商業施設で、100階部分（高さ393m）の展望台スカイ100からは香港を360度見渡すことができる。

城市の うつりかわり

中国の長い歴史のなかで
香港が登場するのは19世紀に入ってからのこと
急速に成長を遂げた国際都市の姿

香港以前（〜1842年）

香港から珠江をさかのぼったところに位置する広州は、秦の始皇帝の時代から南海交易の拠点がおかれ、インド洋を経由して訪れる商人がまずたどり着く中国の南大門だった。1557年、この広州近くのマカオにポルトガルは居住を認められ、遅れてやって来たイギリスも中国との交易のため、自らのマカオの獲得を模索していた（イギリスは1689年、1816年と香港に寄港している）。こうしたなか1842年、アヘン戦争（アヘンの密輸をとり締まった清朝に対して、イギリスが砲艦外交で応えた）後の南京条約で香港島がイギリスに割譲される

CHINA
香港

ことになった。当時、香港には半農半漁の寒村があるばかりで、イギリスに島の名前「(香港仔をさして) ホンコン」と伝えたのは水上生活者だったという。

香港島を領有をめぐって

19世紀当時の香港島の人口は7000人程度で、「ほとんど人家もない不毛の島」と評されていた。この香港島領有の決め手となったのは、大型船舶の来航に絶えうる天然の良港ヴィクトリア・ハーバーをもつことで、以後、この港が香港繁栄の礎になった。一方で北京の清朝からすれば、香港島は都か

▲左　香港島西のランタオ島では昔ながらの漁村が見られる。　▲右　超高層ビルのなかに残るヴィクトリア様式の建築

ら遠く離れた小さな島に過ぎず、中国にとって大きな痛手になるとは考えられてはいなかった（ポルトガルにマカオを与えたように、異国人は遠地に隔離しておけばよいと考えていた）。

香港植民のはじまり（1842年～）

1842年、香港島を獲得したイギリスは、自国の女王にちなんでこの地をヴィクトリア・シティと名づけ、香港島北岸に道路を敷くことで街の建設がはじまった。この道路が現在の皇后大道で、中環にイギリスの支配拠点となる行政府がつく

CHINA
香港

られ、仕事を求めて流入してきた中国人はその周囲の上環や灣仔に住んだ。当初、疫病が蔓延する不衛生な地であったため、イギリス人は標高の高いヴィクトリア・ピークに向かって南へ、南へと街を開発していった。

香港の拡大（1860年～）

いち早く近代化に成功し、軍事力に勝る西欧諸国に対して、清朝の没落は明らかで、イギリス、フランス、ドイツなどの列強が中国権益の獲得をねらっていた。アロー号のイギリス国旗が中国兵によって引きおろされたことを口実に、アロー

▲左　路上の屋台にて、香港は食の都。　▲右　あふれるばかりの人、香港の人口密度は世界最高クラス

号事件（第二次アヘン戦争）が起き、1860年、その講和条約（北京条約）で香港島対岸の九龍と昂船洲もイギリスに割譲されることになった。ヴィクトリア・ハーバーの制海権はイギリスのものとなり、続いてイギリスは1898年に香港境界拡張専門協約を締結させ、九龍半島の後背地にあたる新界の租借も認めさせた。香港島からはじまったイギリスの植民は、九龍、新界へと拡大した。

CHINA
香港

日本による占領（1941年〜）

1937年に日中戦争がはじまるとイギリス領の香港に中国人が多く避難するようになっていた。そのようななか、1941年に太平洋戦争が開戦すると同時に、日本軍は深圳から香港に侵入し、香港はわずか18日間で日本軍に占領された。日本軍の手に落ちたのが12月25日であったことから、この日は「ブラック・クリスマス」と呼ばれ、日本軍本部はザ・ペニンシュラにおかれていた。こうした状況は1945年の終戦まで続いた。

Hong Kong 城市のうつりかわり

国共内戦と香港の発展（1945年〜）

第二次大戦後、蔣介石の国民党と毛沢東の共産党のあいだで国共内戦が戦われ、1949年に中華人民共和国が成立すると、資本家など共産党支配を嫌う人々が香港に亡命するようになった（香港では共産党と国民党の支持者双方が暮らし、イギリス領の香港で応援合戦が繰り広げられた）。この時代、20世紀中盤から後半にかけてイギリス領香港はアジア最大の貿易センター、金融センターとして飛躍的な成長を遂げている。台湾、韓国、シンガポールとならんで「4匹の龍」と呼ばれ、香港はアジア新興国の代表と見られていた（香港の

CHINA
香港

ひとりあたりの国民総生産は宗主国イギリスのそれを抜き、先進国なみの推移を誇った)。また20世紀後半の冷戦のさなか、東(中国やロシア)と西(イギリスやアメリカ)、共産主義と資本主義のはざまで、香港は特異な位置を占めることになった。

香港返還の合意

イギリスに「割譲」された香港島と九龍と違って、新界は、1898年から99年間の「租借」が認められていた(99は久久と同音で、とても長いあいだという意味だった)。その期限

Hong Kong 城市のうつりかわり

▲左 24時間動き続ける街。 ▲右 南海に浮かぶ小さな島から発展してきた

となる1997年に向けてサッチャー(イギリス)と鄧小平(中国)のあいだに会談がもたれ、「香港島と九龍の割譲は有効」とするイギリスに対して、中国側は「不平等条約で割譲されたものは無効」と主張した。「返還のためには軍の投入すら辞さず」という鄧小平の強い態度、また水やエネルギーを新界と大陸に依存する香港市街の状況などをふまえて、イギリスは撤退を決定した。両者は1997年7月1日の香港返還で合意し、以後、一国二制度の考えのもと香港は統治されることになった(中国の体制とは異なる)。

香港

香港新時代（1997年〜）

1997年の香港返還にあわせて、中国では外資を呼び込むことで経済発展を進める改革開放が唱えられ、香港に隣接する深圳、また珠江デルタの街々がその最前線になった。こうしたなか、成熟した社会、整備された法体系、西側に近い商習慣をもつ香港は、先進国と珠江デルタの街を結ぶ緩衝地帯のような役割を果たし、今では広州、深圳、東莞、珠海、マカオといった街への入口になっている。香港は言語や文化をともにする巨大な華南経済圏の中心をになぃ、大きくは華僑の進出した東南アジア、タイやフィリピン、インドネシアなど

の国々と中国を結ぶ接点としても期待される。

Hong Kong 城市のうつりかわり

参考文献

『香港』(中嶋嶺雄 / 時事通信社)

『アジア二都物語 シンガポールと香港』(岩崎育夫 / 中央公論新社)

『香港の起源』(ティモシー・モー / みすず書房)

『香港旅の雑学ノート』(山口文憲 / 新潮社)

『世界大百科事典』(平凡社)

[PDF] 香港空港案内 http://machigotopub.com/pdf/hongkongairport.pdf

[PDF] 香港 MTR(地下鉄)路線図 http://machigotopub.com/pdf/hongkongmetro.pdf

[PDF] 地下鉄で「香港めぐり」 http://machigotopub.com/pdf/metrowalkhongkong.pdf

[PDF] 香港トラム路線図 http://machigotopub.com/pdf/hongkongtram.pdf

[PDF] 香港軽鉄路線図 http://machigotopub.com/pdf/hongkonglrt.pdf

まちごとパブリッシングの旅行ガイド

Machigoto INDIA , Machigoto ASIA , Machigoto CHINA

【北インド - まちごとインド】

001 はじめての北インド
002 はじめてのデリー
003 オールド・デリー
004 ニュー・デリー
005 南デリー
012 アーグラ
013 ファテープル・シークリー
014 バラナシ
015 サールナート
022 カージュラホ
032 アムリトサル

【西インド - まちごとインド】

001 はじめてのラジャスタン
002 ジャイプル
003 ジョードプル
004 ジャイサルメール
005 ウダイプル
006 アジメール(プシュカル)
007 ビカネール
008 シェカワティ
011 はじめてのマハラシュトラ
012 ムンバイ
013 プネー
014 アウランガバード
015 エローラ
016 アジャンタ
021 はじめてのグジャラート
022 アーメダバード
023 ヴァドダラー(チャンパネール)
024 ブジ(カッチ地方)

【東インド - まちごとインド】

002 コルカタ
012 ブッダガヤ

【南インド - まちごとインド】

001 はじめてのタミルナードゥ
002 チェンナイ
003 カーンチプラム
004 マハーバリプラム
005 タンジャヴール
006 クンバコナムとカーヴェリー・デルタ
007 ティルチラパッリ
008 マドゥライ
009 ラーメシュワラム
010 カニャークマリ
021 はじめてのケーララ
022 ティルヴァナンタプラム
023 バックウォーター(コッラム〜アラップーザ)
024 コーチ(コーチン)
025 トリシュール

【ネパール - まちごとアジア】

001 はじめてのカトマンズ
002 カトマンズ
003 スワヤンブナート

004 パタン
005 バクタプル
006 ポカラ
007 ルンビニ
008 チトワン国立公園

【バングラデシュ - まちごとアジア】

001 はじめてのバングラデシュ
002 ダッカ
003 バゲルハット（クルナ）
004 シュンドルボン
005 プティア
006 モハスタン（ボグラ）
007 パハルプール

【パキスタン - まちごとアジア】

002 フンザ
003 ギルギット（KKH）
004 ラホール
005 ハラッパ
006 ムルタン

【イラン - まちごとアジア】

001 はじめてのイラン
002 テヘラン
003 イスファハン
004 シーラーズ
005 ペルセポリス
006 パサルガダエ（ナグシェ・ロスタム）
007 ヤズド
008 チョガ・ザンビル（アフヴァーズ）
009 タブリーズ

010 アルダビール

【北京 - まちごとチャイナ】

001 はじめての北京
002 故宮（天安門広場）
003 胡同と旧皇城
004 天壇と旧崇文区
005 瑠璃廠と旧宣武区
006 王府井と市街東部
007 北京動物園と市街西部
008 頤和園と西山
009 盧溝橋と周口店
010 万里の長城と明十三陵

【天津 - まちごとチャイナ】

001 はじめての天津
002 天津市街
003 浜海新区と市街南部
004 薊県と清東陵

【上海 - まちごとチャイナ】

001 はじめての上海
002 浦東新区
003 外灘と南京東路
004 淮海路と市街西部
005 虹口と市街北部
006 上海郊外（龍華・七宝・松江・嘉定）
007 水郷地帯（朱家角・周荘・同里・甪直）

【河北省 - まちごとチャイナ】

001 はじめての河北省
002 石家荘
003 秦皇島
004 承徳
005 張家口
006 保定
007 邯鄲

【江蘇省 - まちごとチャイナ】

001 はじめての江蘇省
002 はじめての蘇州
003 蘇州旧城
004 蘇州郊外と開発区
005 無錫
006 揚州
007 鎮江
008 はじめての南京
009 南京旧城
010 南京紫金山と下関
011 雨花台と南京郊外・開発区
012 徐州

【浙江省 - まちごとチャイナ】

001 はじめての浙江省
002 はじめての杭州
003 西湖と山林杭州
004 杭州旧城と開発区
005 紹興
006 はじめての寧波
007 寧波旧城
008 寧波郊外と開発区
009 普陀山
010 天台山
011 温州

【福建省 - まちごとチャイナ】

001 はじめての福建省
002 はじめての福州
003 福州旧城
004 福州郊外と開発区
005 武夷山
006 泉州
007 厦門
008 客家土楼

【広東省 - まちごとチャイナ】

001 はじめての広東省
002 はじめての広州
003 広州古城
004 天河と広州郊外
005 深圳（深セン）
006 東莞
007 開平（江門）
008 韶関
009 はじめての潮汕
010 潮州
011 汕頭

【遼寧省 - まちごとチャイナ】

001 はじめての遼寧省
002 はじめての大連
003 大連市街
004 旅順
005 金州新区

006 はじめての瀋陽
007 瀋陽故宮と旧市街
008 瀋陽駅と市街地
009 北陵と瀋陽郊外
010 撫順

【重慶 - まちごとチャイナ】

001 はじめての重慶
002 重慶市街
003 三峡下り（重慶〜宜昌）
004 大足

【香港 - まちごとチャイナ】

001 はじめての香港
002 中環と香港島北岸
003 上環と香港島南岸
004 尖沙咀と九龍市街
005 九龍城と九龍郊外
006 新界
007 ランタオ島と島嶼部

【マカオ - まちごとチャイナ】

001 はじめてのマカオ
002 セナド広場とマカオ中心部
003 媽閣廟とマカオ半島南部
004 東望洋山とマカオ半島北部
005 新口岸とタイパ・コロアン

【Juo-Mujin（電子書籍のみ）】

Juo-Mujin 香港縦横無尽
Juo-Mujin 北京縦横無尽
Juo-Mujin 上海縦横無尽

【自力旅游中国 Tabisuru CHINA】

001 バスに揺られて「自力で長城」
002 バスに揺られて「自力で石家荘」
003 バスに揺られて「自力で承徳」
004 船に揺られて「自力で普陀山」
005 バスに揺られて「自力で天台山」
006 バスに揺られて「自力で秦皇島」
007 バスに揺られて「自力で張家口」
008 バスに揺られて「自力で邯鄲」
009 バスに揺られて「自力で保定」
010 バスに揺られて「自力で清東陵」
011 バスに揺られて「自力で潮州」
012 バスに揺られて「自力で汕頭」
013 バスに揺られて「自力で温州」

【車輪はつばさ】
南インドのアイラヴァテシュワラ寺院には建築本体に車輪がついていて寺院に乗った神さまが人びとの想いを運ぶと言います。

・本書はオンデマンド印刷で作成されています。
・本書の内容に関するご意見、お問い合わせは、発行元のまちごとパブリッシング info@machigotopub.com までお願いします。

まちごとチャイナ
香港001はじめての香港
〜南海にのぞむ「輝く都市」[モノクロノートブック版]

2017年11月14日　発行

著　者	「アジア城市（まち）案内」制作委員会
発行者	赤松　耕次
発行所	まちごとパブリッシング株式会社 〒181-0013　東京都三鷹市下連雀4-4-36 URL http://www.machigotopub.com/
発売元	株式会社デジタルパブリッシングサービス 〒162-0812　東京都新宿区西五軒町11-13 清水ビル3F
印刷・製本	株式会社デジタルパブリッシングサービス URL http://www.d-pub.co.jp/

MP103

ISBN978-4-86143-237-8 C0326　　　Printed in Japan
本書の無断複製複写（コピー）は、著作権法上での例外を除き、禁じられています。